갈대의 노래

갈대의 노래

최규홍 시와 에세이

도서출판 진영

시인의 말

서가에 흔들림이 없이
자리를 꼬옥 지키는 백범일지는
삼천리 산야에 들꽃처럼 핀
일화를 모은 대강령이다

김구 선생은 나의 소원에서
문화강국을 염원하셨다
마음에 담은 열네 쪽 분량의 작은 글씨를
나는 한소절 한소절 낭송한다
문화의 힘은 자신을 행복하게 하고
남에게 행복을 준다는 메시지다

실로 우리나라는 의식주 면에서
K-컬처를 창조하여 나의 소원 처럼
문화강국이 되었다
선생이 아시면 저세상에서 얼마나 탄복하실까

120년 만에 돌고 돈 반도의 역사
휘몰아 온 을사년이 돌아왔다
스산한 굴욕을 삼키고 문화의 맥을 잇는
갈대가 되려 한다

2025년 1월 1일
을사년 정월 초하루 **최규홍**

차
례

시인의 말

제1부 꽃무릇의 영화

보릿고개	12
꽃무릇의 영화榮華	13
겨울 어항	14
군산선群山線 회상	15
금연	16
쓰레기 몸살	17
모성	18
뭉게구름	19
황혼의 여유	20
해넘이	21
새만금의 영광	22
새벽 종소리	23
형제애	24
기우祈雨	25
아파트 군상群像	26
사조부곡思祖父曲	27
바늘과 실	28

제2부 검정 고무신

경암동 철길마을	30
시실리時失里 역	31
추수	32
명상	33
검정 고무신	34
시 감상〈검정 고무신〉	35
가을밤에	36
낙엽	37
대기 오염	38
아름다운 길	39
철길공원 섬잣나무	40
회상	41
히말라야 쓰레기	42
가을날 1	43
가을날 2	44
모지스 할머니 화가	45
신작로의 꿈	46
의비공임지묘義婢恭任之墓	47
새벽이슬	48

제3부 오현단의 참회

오현단의 참회	50
오라리 작은 마을 해산이	52
제주4·3의 피에타	54
제주4·3의 학살	55
제주4·3의 물망초	56
해원海冤	57
어느 제주 양민의 고백	59
메이-데이 방해공작	61
제주4·3의 만행	63
제주4·3의 바다	64
제주에 가봐야겠다	65
함성	66
제주4·3의 혼령들	67
제주4·3의 서사敍事	69

제4부 필승! 서해5도를 사수하겠습니다

추모헌시
      필승! 서해5도를 사수하겠습니다   72
연평도 포격전 14주년 기념 추모헌시
      고 문광욱 일병의 편지   75
학도병의 솜내의   77
9 · 11 그라운드 제로   78
전쟁과 상흔   79
갈대의 노래   80
자유를 수호하기 위하여   81
이엽사 농장   84

제5부 근대화가 배운성 〈가족도〉에 관한 소고

Ⅰ. 백인기의 선친 백남신(1858-1920)　　86
Ⅱ. 전라북도 최대 부호 백인기와 백명곤　88
Ⅲ. 근대화가 배운성의 〈가족도〉와 해설　　93

제1부

꽃무릇의 영화

보릿고개

이른 봄 일렁이는
초록빛 보리밭 밟기는
평화로워 보였지만
춘궁기 넘기기가
아득했던 보릿고개

꽁보리밥 싸온 아이들은
단짝에게 가난을 보이기 싫어서
도시락 뚜껑을 반쯤은 가리고 먹었지

어느덧 늘보리가 진화해
졸깃한 찰보리가 태어나고
쌀이 남아도는 세상이 되었다

찰보리밥 속에서
새록새록 떠오르는
꽁보리밥의 옛 추억이
보리밭 사잇길을
넘어가고 있었다

꽃무릇의 영화榮華

산사의 뜨락에
초가을의 햇살이
풀과 나무 사이로
수줍게 스민다

요정은 연약한 꽃대 위에
사알사알 올라 가
앙증스레 춤을 춘다

유혹의 빛깔로
빨갛게 수 놓아진 군락 위에
나비처럼 사뿐히 내려 앉는다
영화는 잠시일 뿐

촌음에 머물고
가을 밤은 깊어간다

겨울 어항

고깃배들이 겨울 바다와 싸우다
배멀미에 지친 듯
포구에 닻을 내린다

아낙네들은 새벽부터
껍질 벗긴 박대를
채반 위에 펴 말리며
어촌의 하루를 시작한다

소금기 나는 겨울 바람을
타고 온 갈매기들은
빈 어항 위를 맴돈다

물양장 안의 배들은
갯벌에 기우뚱 기대고 서서
바람의 시를 읊고 있다

군산선群山線 회상

만경 벌판 저 멀리
미군부대 비행장 가는 증기기관차가
석탄 연기를 뻐끔뻐끔 내뿜으며
행적을 그렸던 그 시절

기찻길 옆동네 꼬마들은
기차가 임피역에 들어올 때 마다
신발을 벗어 들고 기차를 따라가며
신작로를 뛰었다

육중한 검은 쇠덩어리가
수증기를 내뿜고 지축을 흔들며
임피역 플랫폼을 들어 오면
동네 아이들은
헬로 양키 기브미 쵸코레트를
목이 터져라 외쳐댔다

오늘날 풍요 속에서
유수와 같이 흘러간 그 시절 아이들의
달콤했던 초콜릿의 추억이
잊혀지지 않고 씁쓸하게 다가온다

금연

낯선 이방인들이
금연의 경계를 넘나 든다

회색 연기 한 모금을
폐부 속 깊이 빨아들이고
허공 속에 내뿜는다

땅 바닥에 무심코 버려진 꽁초는
나홀로 몸부림을 치면서
분신하며 나뒹군다

가쁜 숨소리를 내는
생사의 고비에 선 골초들에게
나는 한 모금의 산소를 권하고 싶다

쓰레기 몸살

가게 앞마당에
쓰레기가 쓰레기를 부르고
지나는 길손들이 더불어 버리고 가
밤새 아스팔트는 광란을 하며 몸살을 한다

예초에 자연은 피고 지며
제 스스로 몸부림치면서
성장과 순환을 했건만
오늘날 쓰레기는 죽지도 않는
괴물이 되어 천지 어디든 파고든다

지난 여름 숨 막히게 달아 오른 열기로
병든 지구가 걱정이고
세상 썩어가는 악취의 여름이 걱정이다

다가오는 내년 여름엔
무성한 풀잎 냄새가
지상에 다시 피어나기를
대지여 소망하노라
가만히 뇌어 본다

모성

어미 닭은 부화하기 까지
삼십 칠 팔도를 유지하며
스무날 가량을 물만 먹고
허기져서 기진맥진 했다

촘촘히 엮어진 대나무 닭장 문을 열자
마치 유치장을 출옥하는 만기수처럼
어린 새끼들을 데리고
바깥 세상으로 달려 나온다

어디서 붉은 벼슬 장닭이
오랜만의 만남을 환영이라도 하듯
달려나와 애정을 표한다

암탉은 전에 없이 냉랭히 거절을 한다
수탉은 열적은 듯
길게 목을 빼고 날개을 치며
유난히 크게 꼬끼오를 하더니 뒤돌아간 뒤
암탉은 제 새끼들을 불러
따뜻한 날개로 끌어안는다

뭉게구름

허공 속의 뭉게구름이
날개를 타고 다가온다

저곳에
시골길이 보인다
아이들이 보인다

두둥실 떠가는
구름 사이로
천상의 어머니가 스쳐간다

뭉게구름이
전설이 되어간다

황혼의 여유

석양의 작은 고깃배들이
시간이 멈춰 선 듯
금강하구에 정적이 오간다

문학관 수양버들 아래
흔들 그네에 앉아
타임머신을 타고 간다

인생이란 참 좋은 하루와 같다라는
사실을 모른 채
강산이 서너 번 변한
지난 세월의 소소한 순간을
무심코 스치지 않았나

떠오르는 해보다 지는 해가
장엄하고 찬란하더라
짧은 날의 지는 황혼도 행복하노라

해넘이

태양이 뿜어내는
여름날의 열기는
한나절 이었다

하늘과 바다가 만나는
금강하구 수평선 아래로
하루도 못되어 져간다

불그레한 노을 진 바다 속으로
뉘엿뉘엿 저문다

석별이 아니라
찬란한 출발을 위하여
잠시 휴식을 취함이리라

새만금의 영광

인공위성 아래로 펼쳐진
영광스런 약속의 땅
새로운 만금 벌판

황금벌 금만평야에 서면
서해로 뻗어나간
세계 최장 방조제의 웅대함에
가슴이 울렁인다

도민들이 한마음 되어
손에 손을 맞잡고
부안 김제 군산을 잇던
신천지가 아니었던가

우리 세대가 후손들에게
자랑스럽게 물려줄
삼십사 킬로미터 해상 방조제

이만하면 후손들에게
넉넉하게 물려줄 약속의 땅
한반도의 축복이 아니겠는가

새벽 종소리

예배당 새벽 종소리가
땡그렁 땡그렁
마을의 적막을 다스릴 때가 되면

초사흗날 찰진 시루떡 쪄놓고
촛불 켜고 소지를 올리던
마을 어른들은 두런두런 거렸지만
예배당을 학교와 같이 생각했다

아이들은 어른들이 일 나가면
당산 팽나무 언덕배기 예배당의
차디찬 마루바닥 위에
무릎 꿇고 아멘을 따라 했다

그러던 중
팽나무 마을이 개발이 되자
종소리는 멎었고
옛 종은 새 교회 뜰안에
예수님처럼 부활하였다

형제애

유기 밥그릇이 식을라치면
솔가지에 불을 지펴
뜨뜻한 온기를
살리시는 어머니

요 밑에 옹기종기 모여 앉아
이야기 꽃을 피운
육 남매의 사랑은
어머니의 온정

고향집 온돌방을
뜨뜻하게 만든 사랑

사라진 고향집의
아랫목 구들이 그립다

기우 祈雨

마파람이 불어와도
비가 온 지 서너 달이 지났어도
떠난 비는 내리지 않습니다

이상기후로 저수지 바닥이
거북등이 되었어도
비 내릴 기운은 안 보이고
가슴만 메말라 갑니다

마른 하늘에 조각 구름만
한량처럼 두둥실 떠다닐 뿐
애타는 심경입니다

대지를 흠뻑 적시도록
생명수를 내리소서
절절히 애원합니다

아파트 군상群像

옛터 마을이 헐리고
사방이 초고층 아파트

하늘 높은 줄 모르고
죽순처럼 돋아난다

벌건 노을 잃어버리고
키재기에 여념 없다

원주민들은
외딴 섬에 갇혀 있다
꼼짝달싹 못하는
고독한 포로가 되었다

사조부곡 思祖父曲
– 영모당기 永慕堂記에 부쳐

영모당기 한시 한편 송판 위에 새겼다
무궁한 종중 사랑 편액 위에 남기니
타임캡슐 되어 백 년을 쉽게 넘나든다

물질문명 발전하고 세상이 변하니
조부의 시심을 반겨줄 이 없구나
편액에 박힌 송진 흘러 눈물처럼 말라 있다
오늘 따라 곱디 고운 시심이
애잔하게 울리누나
카랑카랑한 음성 따라 떠듬떠듬 읽는다

새로이 땅을 정하여 영모당을 세우니
계절마다 아름다운 풍경이 펼쳐지네
산은 다 감싸 안고 물은 유장하니
해마다 흔연히 술과 음식을 바치네
바위 위의 노송은 능히 절개를 지키고
이 몸은 또한 잔치자리에 이르렀네
계단 앞 푸른 풀은 빛이 더하여지니
종일토록 노래하여도 기쁨이 끝이 없구나

바늘과 실

그 시절 시집올 때
가져온 반짇고리는
삶의 연결 고리였다.

등잔불 밑에서
바늘귀에 실을 꿸 때
실 끝이 휘어지면
침 발라 꿰던 시절

양말 엄지 발가락이
튀어 나오면
촘촘히 깁어 신었다

바늘과 실은
팔자타령을 하며
노곤한 긴긴밤을
꾸벅꾸벅 졸다가
반짇고리에 기대어
잠을 청했다

제2부

검정 고무신

경암동 철길마을

기찻길 옆 오막살이 집들이
촘촘히 모여 사는 마을 사이로
한가로이 선로가 누워 있다

열차가 오갈 때 하루에 두어 번
비상이 걸리던 철길마을
금방 놀이터가 되고
뒷마당이 되었다

이제 선로변 점방들은
낭만과 추억을 파느라 북적인다

기찻길을 걸으며 추억을 회상하고
연탄불 화덕에 달고나를 요리한다
옛적 추억을 갖춰 입은
교복놀이 군산의 명소

백 년 전 옛 시절 찾아
철길마을을 찾아 간다
시간여행 열차를 타고 간다

시실리時失里 역

솜리서 출발한 증기기관차가
뻐끔뻐끔 석탄연기 내뿜으며
누런 금만평야를 가로지를 때
기찻길 옆 마을은
생기가 넘쳤다

임피역은 첫차로 가는 손님
막차로 오는 손님
통학생 행렬 생선장수 행렬
꿈과 애환을 실어 날랐다

일백 년 추억 속에
기적소리 멎고
선로가 걷혔다

즐비했던 역전 점방들은
생명을 다하고
임피역은 시실리時失里 역이 되었다

추수

금만 황금 들판에서
황소가 네 바퀴 달구지에
나락 단을 높이 싣고
타박타박 논길을
걸어 나간다

아낙네들은 홀태에
바쁘게 훑은 나락의 먼지를
풍구에 날리고
내리쬐는 가을 햇살에
고무래질로 벼를 펴 말린다

따스한 가을날 오후
매 한 마리가
청명한 마을 상공을
한가로이 날고 있다

들판의 가을날은
온통 감사의 계절이다

명상

짧은 해 저물고
적막이 밀려오는 겨울 밤
번거로웠던 하루가
잔잔한 물결처럼 고요하다

바쁜 하루 닫고
모처럼 나를 뒤돌아보는 시각
사소하게 지나친 일상이
하나 둘 항변을 하며 고개를 든다

소중한 일 아니 하찮은 일이라
가름한 판단은 바른 심판이었을까
산다는 것은 나를 펼쳐 보이는
적나라한 심판이 아닌가

어둠으로 보이지 않는 밤이면
오히려 마음 열고
나를 만날 일이다

검정 고무신

집집마다 댓돌 위에
올망졸망 검정 고무신이 즐비했던
내 어린 시절에

어머니는 남새밭 푸성귀 나부랭이
똬리 위에 이고 임피역에서
괴물 같은 화차를 타고
명절 전 지경 장날에 가
채소 팔아 사 주신
만월표 검정 새 고무신이
나는 좋았다

지금은 가슴 저려 오지만
땀이 차면 미끄러지는
못생긴 검정 고무신을 신고도
산과 들을 마냥 싸돌아다니는 게
나는 좋았다

마을에 전설되어 내려오는
동자터 시냇가에서
검정 고무신 벗어 송사리 잡다가
모처럼 사 신은 새 신발 한 짝 잃어버렸던 일
지금도 잊히지 않는 그 때가
내 생의 행복한 시절로 자주 그립다

시 감상 〈검정 고무신〉

시인 배환봉

　세월이 약이라는 말이 있습니다. 일제의 수탈과 압박으로부터 해방 되어 조금 질서가 잡히고 발전의 터를 닦으려 하자 6.25 동란이 일어나 참으로 어려운 시절을 겪었던 참혹한 흔적은 오래 우리들의 유년을 슬프게 했습니다.
　고무신 하나 얻어 신는 일도 부모님의 땀의 대가이던 시대가 있었습니다. 요즈음 아이들은 먼 나라 이야기처럼 들어도 감흥이 없는 참으로 한 세대에 이렇게 급변하는 세태가 우리 말고 또 있을까 싶습니다.
　그래도 해방 되어 조금 산다고 살 때 고무신이라도 신었는데 가난도 슬픔도 유년의 아름다웠던 시절을 지울 수는 없나 봅니다.
　그 시대 유년기를 겪은 슬픈 시절을 아름다운 추억으로 승화시킨 좋은 시를 써 주신 최규홍님의 유년의 추억이 길이 행복한 씨앗으로 간직되기를 바라는 마음 큽니다.

가을밤에

소슬바람이
앙상한 나뭇가지를 스쳐
간신히 매달린 낙엽들이
파르르 져 간다

산골 저수지 수면 위에는
옛 전설이
달빛 되어 내린다

유년 시절에 바라보던 달은
작은 가슴에 품은
야망 만큼 커 보였건만
나뭇가지에 걸린 노년의 달은
축 늘어진 어깨처럼
서럽게만 보이는구나

깊어가는 가을밤
외로움을 달래는 위안은
귀뚜라미 소리를 벗 삼아
동트는 새벽을 기다리는 것이다

낙엽

가을 찬비가 그친
스산한 날씨에
한 해가 저문다

지다만 이별 앞둔 잎들이
오그라지고 초췌하다

남은 시한부의 삶을
아쉬워 하는 듯
먼 하늘을 응시한다

이리저리 육신을 뒹굴며
산산히 부서져야 할
서로의 아픔을 위로 하며

윤회의 숙명일진대
그 무엇을 두려워 하겠는가

대기 오염

만물은 대기를
평화롭게 공유하고
대기는 그 안에서 순환한다

대기는 지구의
불멸의 자산이요
마지막 보루인 것을

인간의 무한한 욕심이
이 땅의 명줄을
야금야금
좀먹어 가지 않나

이 땅을 버리고
우주를 개발한들
이만한 행성을
어디에서 찾을까 싶구나

아름다운 길

낭만이 손짓하는
아름다운 길을 간다

골짜기 계단식 논들과
안개 낀 단풍 든 산야가
어울리는 길

감나무 잎 다 떨어지고
대롱대는 감들이
황금 거북이와
조화로운 장곡사를 간다

영혼의 위안이 되는
어머니 품 속 같은
아름다운 길을 간다

철길공원 섬잣나무

북선제지[1]를 세울 때
삼십 년 된 섬잣나무를
기념수로 심더니
벌써 팔십 년이 흘렀네

시민 친화를 위한 표상으로
디오션 철길공원에 옮겨 심어
향토기업의 흔적을
섬잣나무에 고스란히 담았으니
그 정성이 갸륵하구나

주인이 바뀌어
동고동락을 한 고목이
백수를 훌쩍 넘겼어도
시민들에게 따스함을 전하네

철길을 한 발짝씩 내디디며
고목을 바라보는 이 마음도
만수를 축원하노라

---

[1] 1944년 설립된 군산의 대표적인 향토기업. 고려제지, 세대제지(한국합판), 세풍을 거쳐 페이퍼 코리아로 이어짐.

회상

뉘엿뉘엿 해 질 녘에
나락가리 마치면
주막집 거적문 휙 젖히고
막걸리 한 사발 더 마시러
주막으로 들어가시던 촌로

막걸리 몇 잔으로
고된 하루를 덜어내고
매양 비틀비틀 산너머로 내려 가셨지

혹 가슴에 숨어 있는
작별의 아쉬움이라도 있었을까
아니면 잊을 수 없는 희망 한 가닥
끝내 가슴에 남아 있었을까

촌로는 뉘엿뉘엿 지는 해와 함께
자주 산너머로 내려가곤 했던 기억
당신 가신 먼 훗날 왜 이리
가슴시린 기억으로 떠오르는지
알 수 없어라

히말리아 쓰레기

히말리아가
신음한다

먹다 만
국산 용기 봉지들이
암벽 아래로
외마디를 지르고
나부끼며 추락한다

나라 망신에
위신까지

자연의 분노는
죄값을 달게 받을
못난 양심을
고발한다

가을날 1[2)

강렬히 울려 퍼지는
늦가을의 종소리

초목은 백발이 되어 가고
그 주위는 파란 많은
한숨 소리가 살랑거린다

낙엽이 뒹구는 소리
자아를 잃어버린 지
오래된 듯한 낙엽들

그리고 아련히 살랑거리는 몇 잎을
새콤한 추풍은 그나마 허공에
날리고 만다

앙상한 나무 가지들
그 입가에 고소는
생의 환멸을 말하는 듯

그 모두가 이 가을
서글픈 시간의 흐름이다

---

2   고등학교 재학시절(1972년) 교내 백일장 차상

가을날 2

가을 산사의 새벽 종소리가
세심을 애잔하게 용해하고
초목도 살랑이며 예불한다

나뭇잎은 자아를 잃어버린 지 오래
새콤한 추풍은 아련히 살랑거리는
남은 몇 잎 마저 날릴 것만 같다

낙엽이 뒹구는 소리
세월이 흘러가는 소리

나뭇잎 바라보며
입가에 짓는 고소는
환생을 사색하는 시간의 흐름

모지스 할머니 화가[3)]

지난 삶의 이야기가
멋진 하루와 같아서
젊은 날의 기억을 넘어 그렸다

포도를 짜고
레몬을 짜서
지난 세월을 그렸다

일생이
성실히 보냈던
하루와 같았다던
화가의 감동적인 이야기

지난날 우리네
이야기가 아닐런지

---

3) Anna Mary Robertson Moses(1860.9.7.-1961.12.13.)
    향년 101세.

신작로의 꿈

황토 먼지가 뿌옇게 일었던
이 십리길 신작로의 꿈을 아는가

서수에서 술산 주재소까지
빼앗긴 들의 농민 함성이 들리는가

겨울날 새벽 기차 타려고 눈길 걸어와
역사 안에서 버선발이 시려워
코빼기 신을 벗고 젖은 버선 말리던
생선장수 아낙네들의 삶의 끈기를 보았는가

째보선창 부둣가에서 생선 떼다
이집 저집 이고 다니며 팔러 다니던
삶의 고단함을 보았는가

배움에 목이 말라 솜리 가는 기차를 타려고
새카맣게 줄을 서던 교복 행렬을 보았는가

기차는 칙칙폭폭 거리며 첫차 부터 막차 까지
신작로의 꿈을 부지런히 실어날랐다

의비공임지묘 義婢恭任之墓[4]

서산에 을씨년스럽게 져가던
을사년 세모에
국망의 분을 참지 못해
순절하신 연재 선생

열여섯 살 공임은
충신대감 모신다며 의로움을 바쳤네

임피 낙영당 제자들이 금산으로 달려가
꽃달메산으로 선생을 모셔오고
공임도 길 따라 모셨네

일백여 년이 지났어도
꽃달메산 묘역에는 순절의 꽃이 피고
꽃향기가 여전히 그득하네

의롭게 몸 바친 공임 할머니 영전에
술 한 잔을 가득 따라 올리네

---

4) 의비공임의 묘는 임피면 술산리 상전마을 꽃달메산 연재 송병선 선생 묘역 10m 전방 우측에 모셔져 있음.

새벽이슬

맑은 날 밤
하늘의 영기가
사뿐히 내린다
밤이 새도록
녹색 풀잎을
송알송알 부둥켜 안는다
동이 틀 무렵에
이별을 준비하다
하루살이가 아쉬워
머금었던 눈물을
살포시 떨군다
신령스런 모습으로
천사들은
하늘로 승천한다

제3부

오현단의 참회

오현단의 참회

함석헌 선생은 흰 머리와 수염에
하얀 두루마기를 입고 독재정권에 저항했던
민주화의 상징이며 인권 운동의 표상이었다

그는 제주4 · 3 비극이 있은 지 40여 년이 지나
오현단의 시국강연에서
나는 평안도 사람으로서 제주도에 건너 와
양민을 걸핏하면 공산당으로 몰아 학살한
서북청년계열의 만행을 대신해서
깊이 참회를 합니다 라고 말했다

오죽했으면 서슬이 시퍼럴 때
그가 직접 나서 고향 평안도를 대신해서
서청의 만행을 참회했을까
누구도 결단하지 못했던 고백을 했다

사실은 하나
서청은 인간이 아닌 반인륜적 악마였고
서청은 공산주의와 유사한 단체라면 모두
극도의 복수심이 섞인 적개심을 갖고
빨갱이 사냥에 매달렸음을

4·3 적폐를 청산하는 길은
양민학살을 시인하고 참회하는 것
역사적 과오를 깨닫고 뉘우치며
세계기록유산으로 남길 때
4·3의 영혼들이 위로받고
제주가 세계 인권과 평화의 섬으로
우뚝 서지 않겠는가

오라리 작은 마을 해산이

제주읍내와 가깝고 산간까지 이어진
중산간마을 오라리는 크고 작은 마을마다
말방앗간이 있고 농축산에 종사하며
오순도순 살았던 마을이었다

오라리 방화사건과 초토화작전으로
마을이 소각이 되어 마을 사람들은
고향을 떠나 뿔뿔이 헤어졌다
전쟁 중에 살아 남은 주민들이
연미 마을을 재건했지만
해산이 사람들은 끝내 돌아오지 않았다
고향땅에 정을 붙이기가 쉽지 않았을까

올레와 마을길 흔적이 보이고
깨진 그릇 조각들이 널려 있는 해산이는
식수로 사용했던 연못이 대나무 숲에 둘러싸여
이미 잃어버린 마을이 되었다

그 시절 해산이는 평화로운 동네였지만
사상과 이념의 차이로 이웃이 이웃을 처단하던
잔인한 시대를 살았다

헤어질 때 무슨 죄를 졌길래
말 한마디 건네지 못하고
이별을 재촉해야 했던 해산이 사람들은
대체 지금 어디에서 무얼 하고 있는지

세상을 살면서 4·3과 같은 비극이 또 있을까
이승이 아니면 저승에 가서라도
다시 상봉하고 싶은 마음 뿐이다

제주4·3의 피에타

바티칸 성 베드로 대성당에서
십자가에서 내려진 아들을 무릎 위에 얹히고
오른 손으로 어깻죽지를 받치고 있는
성모 마리아의 슬픔 속에서
나는 제주4·3의 정신을 보았습니다

울부짖지 않고 비탄에 잠긴 마리아의 얼굴에서
나는 제주4·3의 정신을 보았습니다

아들 딸 부모형제를 가슴에 묻고 만
제주 양민들의 고통 속에서
나는 제주4·3의 정신을 보았습니다

도민들이여 결코 슬퍼 말아요
경험없는 공권력이
선량한 양민들을
더 이상 꼼짝달싹 못하게
섬 안에 가두고 빨갱이로 몰아가는
고난의 섬이 아닙니다

인권의 상징이자 평화의 섬으로
이상 세계에 다다르기를
하늘을 우러러 기원합니다
자비를 베푸소서

제주4·3의 학살

삼베 잠뱅이를 걸치고
감자 캐다가 온 농부들이
엄마 등에 업혀 온 젖먹이가
젊다는 이유로 끌려온
청년들이
아녀자들이
이유도 모른 채
포승줄에 꽁꽁묶여
사지를 벌벌 떨며 흐느낀다

화산송이 빈틈 사이로
양민들의 뼈마디가 으스러지는
고문의 신음 소리가 들린다

천길 낭떠러지 아래로 추락하는
영혼의 외마디 소리가 들린다

일찍이 우리 민족사에
이처럼 반문명의 광란이 또 있었던가

더 이상 미룰 수가 없고
침묵할 수 없구나
전 국민이 앞장서서
도민들의 상처를 어루만지는
참회의 행렬이 이어져야 하지 않겠는가

제주4 · 3의 물망초

쥐도 새도 모르게
사라지지 말자 하던 청년 학도들이여
제주의 함성이 들리는가
나도 국가의 부름에 가봐야겠다

심장이 터질 것만 같았던 참혹한
양민학살의 선명한 기억들과
용암처럼 끓어오르는 분노를
이제는 날려 보내야겠다

삶 보다 죽음을 먼저 고민해야 했던
제주의 영혼들을 위로하기 위하여
나도 국가의 부름에 가봐야겠다

우리가 영원히 사는 길은
당장 죽음으로써
위태로운 나라를 구하는
역사적 사명이다

해병대작전명령 1호의 명령에 따라
제주항을 출발해 밤새도록
거친 파도와 싸워 상륙했던 곳이
군산·이리·장항지구 전투

우리는 젊음을 산화했노라

해원海冤

남국 봄이 다시 찾아왔건만
자유와 평화는 떠나 있었어
이념 간의 총칼에 갇힌 너는
더 이상 꿈꾸던 이상 세계가 아니었어

포고령과 계엄령이 내려져
세간살이 모두 불타 없어지고
산으로 내몰리고 바다로 내몰렸어

토벌대와 서북청년단은
중산간 마을과 해변 마을을 초토화하고
양민들을 빨갱이로 몰아갔어

가쁜 숨을 몰아쉬며
부딪치는 파도의 포말 속에서
원통한 울부짖음과 학살의 외마디가
화산송이 구멍 사이로
여기저기 새어 나왔어

미군정과 대한민국 정부는
포고령과 계엄령의 덫을 쳐놓고
토끼몰이 하듯 양민들을 내몰았던
킬링 필드의 맺힌 한을 풀어주고
참회를 해야 한다

제주여! 어서
상처 받은 영혼들이
4·3평화의 전당에서
평안을 갖도록 하소서

어느 제주 양민의 고백

제주4·3사건이 일어나
공산당이고 아니고를 안따지고
젊은이는 모조리 끌어다 죽였어

어머니는 오라리 방화사건 후
외아들을 살릴려고
한라산 토굴 속에 숨겨 놓고
억수로 비오는 밤에 남몰래
삼베포에 보리밥을 뭉쳐
토굴 앞에 갖다 놓았어

경찰이 아들 은신처를 불라고
어머니 옷을 벗겨 고문해도
아들을 지키려고 자백하지 않는데
포고령으로 뿌려진 삐라를 보고
하산한 아들이 경찰에 잡히고 말았어

유치장에서 불려 나간 사람들은
바위를 매달아 수장을 당했지만
아들은 주정공장 하는 고모가
친정의 대를 잇게 하려고
뇌물 주어 살렸어

6.25전쟁이 터지자 교장이 울면서
죽더라도 조국은 지켜야 한다고 애원해
아들은 해병대를 지원했어
전쟁 중에 가슴 아팠던 일은
같이 간 외사촌 동생이 전사했어도
전투가 치열해 묻어 주지 못한 일이었어

메이-데이 방해공작

정부가 수립이 되던 해
제9연대장 김익렬 소령과
제주도 인민유격대 사령관 김달삼의
4·28평화협상이 있었다

미군정이 제주도 메이-데이 방해공작
동영상을 연출하지 않았더라면
끔찍한 대량학살이 없었을테고
대한민국 현대사도 바뀌었을텐데

평화협상에 찬물을 끼얹는 방해공작으로
제작된 제주도 메이-데이는
사건을 고스란히 담은 채로
미군정이 만든 제주4·3의
최초 역사 기록물이 되었다

대동청년단원들이 오라리 마을의 민가에
불을 지르자 기다렸다는 듯
미군정 촬영팀이 제주비행장에서
경비행기를 타고 오라리 마을 상공에서
민가의 불타는 모습을 촬영했다

미군정은 김익렬 소령이 검거한
우익청년단원 방화범을 묵살하고
폭도들 소행으로 몰아갔다
더구나 합의를 믿고 산에서 내려오는
양민들에게 총격을 가해
사흘만에 협상이 결렬되었다

미군정과 이승만 정부는
메이-데이 제작부터 그 해 연말까지
포고령과 계엄령 아래 강경 토벌작전을 펼쳐
제주 양민들을 대량으로 학살하고
중산간마을을 초토화 하였다

4·28평화협상은 미군정의 방해 공작으로
예초부터 성사될 수 없었던
역사의 아이러니가 아니었을까

제주4·3의 만행

바다야 너는 아느냐
그날의 원한을

칠흙같이 깜깜한 어둠 속에서
돌멩이에 묶여
수장되던 광경을

파도는 철썩 철썩
바위를 때리고
혼자서 몸부림을 쳤다

파도는 울부짖고
영혼도 따라 울었다

제주4·3의 바다

누천년의 고요가 숨쉬는
남국의 하늘 아래
해방의 봄은 왔건만
자유와 평화를 빼앗겼습니다

계엄의 굴레가 된 너는
더 이상 유토피아 섬이 아니었지요

거칠게 가쁜 숨을 몰아 쉬는
무수히 부딪치는
파도의 포말 속에는
부모 형제의 울부짖음이 녹아 있네요

무한의 원시의 자원
신성한 제주에서
더 이상의 슬픔이 머물지 않기를
기도합니다

제주에 가봐야겠다

쥐도 새도 모르게
사라지지 않도록
빨갱이로 오인받지 말자던
도민들이여

침묵의 함성이 들리느냐
제주에 가봐야겠다

심장이 터질 것 같은
억울한 심경과
사라지지 않는 분노를
날려 보내야겠다

삶 보다 죽음을 먼저
고민해야 했던 영혼들을
위로하기 위해서
제주에 가봐야겠다

함성

제주에 가면
침묵의 함성이 들린다
심장이 터질 것 같은
억울한 분노가
타 오른다

이젠 그만
하늘 높이 높이
날려 보내자

쥐도 새도 모르게
빨갱이로 오인 받던 시대를
날려 보내자

그러나
삶 보다 죽음을 강요당한
제주의 영혼들을
결코 잊지는 말자

제주4·3의 혼령들

정부 수립 전후 혼란기에
통치 경험이 없어서
제주4·3이 일어났어도
민주주의가 무엇인지도 모르고
양민들은 죽어나갔다

이념과 생각이 다르다고
어린이 부녀자 노약자들이
가리지 않고 살해되었다
제주도 인구의 3분의 1을 삼켜버린
민족사의 치욕적인 킬링 필드였어도
반백 년이 넘도록 쉬쉬했었다

희생된 혼령들은 아직도
피와 흙으로 범벅이 된 채
천추의 한이 되어
머리를 풀고 시위를 한다

제주 양민들의
생명을 앗아간 자 누구였으며
잘못을 저지른 자 누구였던가
애꿎게 죽어간
제주인의 넋을 달래야 한다

탐라의 파란 하늘을 우러러 보며
동시대 세대가 맹세할 일은
제주4 · 3의 진상을 빠짐없이 기록하여
유네스코 세계기록유산에 남기는 일이다

제주4·3의 서사紋事

해병대 예비역 K 하사의 청년시절은
파란만장 하다.
13살 때 선친이 33세로 요절하여
홀어머니 밑에서 자랐다.

광복 후 제주4·3사건이 일어나자
홀어머니는 중학생 외아들을 지키려고
한라산 중턱의 토굴 속에 숨겨 놓고
밥도 비가 억수로 내리는 밤에
몰래 갖다 주었다.

어머니 지극 정성에도
경찰에 붙잡혀 유치장에 갇혔다.
그때 유치장에 갇힌 사람들이 어찌나 많았던지
어린 그는 사람들 틈새에 끼어
몸이 둥둥 두 발이 땅에 닿지 않았다

당시 K 하사의 고모는 제주의 부호였는데
하나 밖에 없는 친정 조카의 생명을 구하려고
돈 세 가마니를 뇌물로 갖다 바쳤다
그렇게 구사일생으로 살아 남았지만
나머지 도민들은 모두 행방불명 되었다.

6 · 25 전쟁이 터지자 그의 모교 교장은
죽더라도 조국은 지켜야 한다고 울면서 호소했다.

K 하사는 또래의 제주 청년들처럼
빨갱이가 되기 싫어 해병대에 입대했다.
인천상륙작전 도솔산지구 전투에 참전해
부상을 입고 구사일생으로 살아남아
제대 후 처가 마을에 정착했다

K 하사는 4 · 3사건과 6 · 25전쟁의 트라우마를 극복하기 위하여
아름다운 정원 가꾸기로 노년을 보내고 있는
우리 세대의 마지막 전쟁의 영웅이다

제4부

필승! 서해5도를 사수하겠습니다

추모헌시[5]

필승! 서해5도를 사수하겠습니다
― 호국 영웅 고 문광욱 일병 추모 흉상 제막식

해병대 자원입대 3개월
자대배치 한달 보름 남짓
나는 연평부대 새내기 해병

북한 포격도발 3일전 2010년 11월 20일
친구 김한솔 미니홈피에
한솔아, 군대 오지 마
한반도 평화는 내가 지킨다

부끄럽다는 뜻은 절대 아니다
자랑스럽고 또 자랑스럽다
고된 훈련 마치고
내무반 들어와서도

제대로 쉬지도 못하고
선임병들 눈치 보며
온갖 잡무 시달리지만
조국을 수호하는 자부심에

---

5) 추모헌시는 2010년 11월 20일 연평포격전으로 전사한 고 문광욱 일병을 추모하기 위해 필자가 고인의 삼우제가 끝나는 날 기고한 시이다. 매년 대전현충원에서 개최하는 해병대사령부 추모행사에 군장대학교 학생대표가 참석해 추모헌시를 낭송하도록 하여 고인의 애국심을 선양하도록 지도했다. 사진은 군산은파공원에 마련된 고 문광욱 일병의 흉상.

모든 걸 이겨낼 수 있다

군 생활 너무 힘들어
오지 말라 했지만
한편으로는 나도 대한민국 군인이기에
그것도 조국의 최전방에서
5,000만 국민이 등 뒤에서
나를 믿고 있는 연평도 해병대이기에
한반도 평화는 내가 지킨다

2010년 11월 23일 오후 2시 23분경
북한군 100여발의 해안포 포격
연평도 긴급상황 발생!
빗발치는 적의 포탄, 무차별 폭격, 긴박한 상황
전투배치 대응포격 임무를 수행했었다

철모에 붙은 불길
전투복 휘감고
철모턱끈 타들어 가도
전투배치를 완료한 선임병도 있었다

아! 그날의 울분은 컸지만…
나는 죽지 않고 잠시 사라졌을 뿐
대한민국 수호를 위한 작은 산화.
조국의 수호신 되어
한반도 평화는 내가 지킨다

아버지, 어머니, 형, 동생아!
교수님, 친구들, 후배들아!
저를 위해 슬퍼하지 말아요.
노랑글씨 내 이름 석자 아로새겨진
빨간명찰 있잖아요

한번 해병은 영원한 해병
조국 대한민국을 사랑합니다
필승! 서해 5도를 사수하겠습니다

고 문광욱 일병 흉상(군산 은파호수공원)

| 연평도 포격전 14주년 기념 추모헌시

고 문광욱 일병의 편지

북한의 포격도발 사흘 전 친구 한솔에게
한반도 평화는 내가 지키겠노라고
장담한 지 벌써 14년이 흘렀습니다
온 국민이 믿는 대한민국 해병대이기에
전투훈련 마치고 내무반 들어와서도
조국을 수호하는 자부심이
자랑스럽던 순간이었습니다

2010년 11월 23일 오후 2시 23분경
북한군은 선전포고도 없이
100여 발의 해안포 포격으로
대한민국 해병대를 공격하는
긴급상황이 발생했습니다

빗발치는 포격으로 전투복이 불길에 휩싸이고
철모에 불이 붙어 철모턱끈이 타들어갔습니다
연평부대 해병들은 전투배치 임무를 완료하고
북한의 영토를 향해 대응사격을 했습니다

대한민국 해병대는 서해5도를 사수합니다
부모님들께는 불효가 되겠으나
저희들 서정우 문광욱은
이승을 떠나 천상에 와 있을 뿐
서해 5도를 사수하는 불멸의 해병혼 입니다

노랑글씨 이름 석 자 아로새겨진
빨간명찰을 가슴 속 깊이 간직합니다
한 번 해병은 영원한 해병으로
영원히 기억되길 소원합니다
국민 여러분들께
필승!

국립대전현충원. 고 서정우 하사 · 고 문광욱 일병 추모비

학도병의 솜내의

전방으로 떠나갈 아들이 안쓰러워
겨울밤 남포등 불빛 아래서
사흘을 한숨으로 꼬박 지새우며
솜내의를 깁으셨던 어머니

솜내의를 마다하는 학도병 아들을
기차역 까지 따라나와 눈물을 훔치며
가져가면 꺼내입게 되니라 하셨던 어머니

전선에 배속되고 나서야 아들은
방금 배급받은 주먹밥이
까슬까슬하게 얼어붙는
고령의 적설지대에서
따스하게 밀려오는
솜내의 모정을 느꼈답니다

참호에는 언제 쓰러졌는지
피투성이 된 전우가
겨울나무에 매달린
마지막 잎새를 잡으려는 듯
허공을 움켜쥐고 떠나갑니다
어머니! 어머니! 부디 평안하십시오
솜내의가 어머니 품속처럼 따뜻해져 옵니다

9 · 11 그라운드 제로[6]

전쟁과 테러의 종언은
이다지도 요원한가요

재앙을 겪은 노부부는
20여 년의 세월 속에
한시라도 아들을 잊을 수 없어
그라운드 제로
아픔의 자리에 섰습니다

악의 축의 제물이 된
영혼의 마르지 않는 눈물은
말없이 분수 아래로 흘러갑니다

검은 대리석 위에 새겨진
고인의 이름 위에
하얀 장미꽃을 꽂고 울컥이며
작별의 슬픔을 와락 껴안아봅니다

---

6) 뉴욕 세계무역센터 테러현장(2001.9.11.)에 세워진 기념관을 방문(2018)함. 그라운드 제로는 뉴욕시티의 당시 피폭 중심지.

전쟁과 상흔

전쟁의 공포와 상흔이
겹쳐 보이던 어린 시절에
6.25전쟁의 영웅이어야 할 상이군인들이
쇠갈쿠리 의수에 목발을 집고서
동냥아치가 되어 마을 입구에
열 지어 나타났다

누나들은 후다닥 다락 위에 숨고
여섯 살 먹은 꼬마만 문밖으로 내보내져
쌀 한 종지 내밀게 했다

더 내라고 무서움을 주면 홀로 쩔쩔매다
상이군인들이 사립문을 나서면
그만 참았던 울음을 터트리고 말았다
왜 그때 나는 전쟁의 영웅들을 향해
감사하지 못했을까

전쟁은 공멸로 가는 길이다
꿈 속에 나타나는 러시아 우크라이나 전쟁이
남의 나라 일 같지 않구나

군통수권자가 내란을 일으키고
원점타격을 명령하여 외환을 일으킨다면
얼마나 끔찍한 일인가

갈대의 노래

서가에 흔들림 없이
자리를 꼬옥 지키는 백범일지는
삼천리 산야에 들꽃처럼 핀
일화를 모은 대강령이다

김구 선생은 나의 소원에서
문화강국을 염원하셨다
마음에 담은 열네 쪽 분량의 작은 글씨를
나는 한소절 한소절 낭송한다
문화의 힘은 자신을 행복하게 하고
남에게 행복을 준다는 메시지다

실로 우리나라는 의식주 면에서
K-컬처를 창조하여 나의 소원처럼
문화강국이 되었다
선생이 아시면 저세상에서 얼마나 탄복하고 계실까

120년 만에 돌고 돈 반도의 역사
휘몰아 온 을사년이 돌아왔다
스산한 굴욕을 삼키고 문화의 맥을 잇는
갈대가 되려 한다

자유를 수호하기 위하여

워싱턴D.C 내셔널몰에 있는
한국전쟁참전기념공원이
살아 움직인다

추모의 벽에 새겨진
6.25 한국전쟁에서 희생된
3만6천여 명의 미군과
미군부대에 배속된
7천여 명의 한국군 카투사 전사자들이
살아 움직인다

살을 에이는 추위 속에서
완전군장에 판초 우의를 입고
긴장된 표정으로 사주를 경계하는
19명의 수색대원들이
살아 움직인다

그들은 한반도의 혹한 속에서
자유의 군상이 되어
우리를 향해 외치고 있다
자유는 그냥 얻어지는 것이 아니라고

미국정부는 참전 용사들을 향하여
자유의 메시지를 전한다

조국은 결코 알지도 만나지도 않았던
사람들과 국가를 지키기 위해
국가의 부름에 답했던 미국의 아들 딸들에게
경의를 표한다

여기 역사의 현장에 서서
옷깃을 여미고 머리 숙여 명복을 빈다

한반도의 자유를 수호하기 위하여
피부색을 초월해 몸과 마음을 바친
전쟁 영웅들의 고귀한 희생을 추모한다

- 워싱톤 한국전쟁참전기념공원에서(2018.08.)-

자료: 워싱톤 한국전쟁참전기념공원

이엽사 농장

그때나 지금이나 가을걷이 끝내면
풍요로운 마음이 가득할 때다
다가올 겨울을 대비해
땔감을 구하고 겨울 양식을
마련하는 일만 남았건만
빼앗긴 들에서 뼈 빠지게 농사져
놈들이 걷어갈 소작료가 두렵구나
수확량의 칠할 오리를 소작료로 내라니
소작료 내고 비료대금 운반비
포장비 주고 나면 먹을 게 뭐가 남나
사할 오리로 낮춰달라 애걸복걸 해보지만
이엽사 왜놈들은 인정사정 안보네
남은 쌀로 새끼들과 죽 끓여 연명해도
춘궁기를 못 넘기고 굶어야 할 판에
이리가도 죽고 저리가도 죽네
참을 수 없도다 이놈들아
어찌 이게 치안법 위반이냐
농민조합 간부 장태성 내놔라
농민대표 내놔라
서수농민조합 만세 서수청년회 만세

제5부

근대화가 배운성의 〈가족도〉에 관한 소고

Ⅰ. 백인기의 선친 백남신(1858-1920)

우리나라 근대미술 최초의 유럽 유학생인 배운성의 작품〈가족도〉는 연이은 국내외 전시를 통하여 그 작품의 역사적, 조형적 중요성이 대중들에게 부각되어 왔다.

근대미술의 상징적인 작품으로 자리매김을 한 만큼 이 화폭에 등장하는 인물들의 실체에 관한 대중들의 관심도 비례해서 증가해 온 것이 사실이다.

본고에서는 배운성의 후원자인 백인기 집안의 가족도로 여겨지는 이 작품에 등장하는 인물을 조사, 고찰해 본다.

먼저 근대화가 배운성의 이야기보따리를 풀기 위해서는 전라도 최대 부호이며 경성의 부자였던 백인기(1882.2.29.~1942.7.1.)[7] 집안의 이야깃거리를 소개하지 않을 수 없다. 백인기의 부친 백낙신(1858-1920)은 임실 관촌면 태생으로서 그의 생부는 백진수였다. 백진수의 12촌이 되는 백현수가 승지를 하다가 20세의 나이로 갑자기 단명하였다. 그러자 그의 부인 정씨는 백현수(수원백씨 23세)와 사이에 자식이 없었으므로 자손을 잇기 위해 백진수(수원백씨 23세)에게 석고대죄를 하여 백진수의 아들 백낙신[8]을 양자로 데려왔다.

한말 비운의 왕 고종이 황제로 즉위한 지 몇 년 후 백낙신이 황제

---

7) 1903년 대한제국 육군 참위, 군대 해산후 한일은행 전문 취체역 역임. 1936.8.1., 경성부 성북정 323번지 청암장에 화성사 설립(대표자 백명곤), 자본금 500,000원(백인기 185,000, 백명곤185,000, 백윤승 100,000, 백윤호 30,000), 백인기 사장, 백명곤 중역으로 기술됨., 조선은행 회사조합요록,1937년판. 후에 인수되어 대원각 요정(대표 김영한)으로 개명, 운영됨. 김영한은 법정스님에게 시주하여 길상사로 탄생함.

8) 족보에서 출계됨.

의 부름을 받는 일이 있었다. 그는 문무제관들이 모인 가운데 고종황제로부터 육군부령이라는 교지와 칙서를 받았다.

백낙신이 35세(1893년)에 무과에 급제 후 맡게된 육군부령은 전라, 경상, 충청의 3도 병권을 한 손에 장악하는 큰 벼슬이었다. 생부 백진수의 은덕으로 전주 진위대 대장의 대임을 맡아 3도를 호령하게 된 것이다. 그 무렵에 육군 진위대는 평양, 한양, 전주 뿐으로써 전주 진위대는 전라, 경상, 충청을 관할하였다.

고종이 막중한 병권을 백낙신에게 하사하기 까지는 그가 인격과 무관으로서 갖춰진 식견이 있었을 뿐만 아니라 고종의 생부 흥선대원군의 뜻이 크게 반영이 되었다고 할 수 있다.

전해 내려오는 이야기로는 백낙신의 생부 백진수가 흥선대원군 이하응(1820-1898)과 의형제를 맺었다는 사실이다. 백진수는 대원군이 등극하기 전에 남루한 옷차림으로 전주에 올 때마다 융숭한 대접을 하였으며 특별한 교우관계를 유지했었다.

황제가 백진수의 아들 백낙신에게 육군부령이라는 파격적인 벼슬을 내린 것도 백진수의 정의를 가상히 여겼던 보은 인사였던 셈이다. 고종으로서는 생부 이하응이 초야에 묻혀 고생할 때 백진수의 도움을 받았다고 하니 얼마나 고마웠겠는가.

뿐만 아니라 고종은 삼남의 병권을 장악하고 있는 백낙신 육군부령을 불러 '삼남은 자네만 믿네'하면서 남신이란 존함을 하사했다고 한다. 백낙신은 집안의 항렬이 낙자였으나 고종이 이를 바꾸어 남녘 남에 신자를 붙여 남신이란 이름을 하사한 것이다. 낙신을 남신으로 개명한 것은 고종과 남신의 정분이 얼마나 두터웠는 지를 반증하는 대목이다.

백남신은 고종황제가 재위했을 때 매년 5만 냥 상당의 전주 부채 3만 자루를 궁에 보냈으며 관직에서 물러난 이후에도 보냈다는 이야기가 전해오고 있다.

고종황제는 대한제국을 선포하여 나라를 지키려 했지만 오적들에 의해 을사늑약이 체결이 되면서 폐위되는 불운을 맞았다. 백남신 역시 모든 공직을 내려놓지 않을 수 없었다. 백남신이 관직에서 물러난 1905년 을사늑약 이후에는 농장 형태의 농업경영을 통해 전라도의 부호로 성장하였는데 이 농장이 화성농장이다. 이렇게 이룬 부를 아들 백인기와 며느리 이윤성에게 물려주어 토지 소유면적이 10년 동안에 (1926년 1,236정보, 1936년 3,686정보) 무려 3배가 증가하였다.

II. 전라북도 최대 부호 백인기와 백명곤

1. 전라북도 최대 부호 백인기(1882-1942)

백인기는 전라북도 최대부호로서 그가 일제강점기에 소유한 토지 소유 면적은 1926년 1,236정보, 1930년 2,296정보, 1936년에 3,686정보, 1938년에 1,908정보였다.

아래는 1926년에서 1938년까지의 전라북도 1-3위의 대지주[9]가 소유했던 토지 면적을 시기별로 분석한 것이다.

---

[9] 이희제, 식민지시대 조선인 대지주의 자본축적 메카니즘-정경유착과 시장확대, 연세대학교 대학원 석사학위논문, 2000년 6월.

전라북도 대지주 토지소유 규모
단위;정보[10]

이름	1926	1930	1936	1938	농외 투자 회사수	주요 경력
장영규	347	583	798	720	-	-
김연수	1,130	704	538	659	21	참의 1940
백인기	1,236	2,296	3,686	1,908	9	참의 1928-29

출처: 이희제, 식민지시대 조선인 대지주의 자본축적 메카니즘-정경유착과 시장확대, 연세대학교 대학원 석사학위논문, 2000.06.

1위 백인기는 한일합방 직후인 1911년 일제에 의해 조사한 전국 50만원 이상의 조선인 자산가 32명 중의 한 명이었다.[11] 그는 1926년부터 1936년까지 지속적으로 지주경영을 확대하여 1926년의 소유토지는 1,236정보, 1930년에는 2,296정보, 1936년에는 3,686정보에 이르었다. 그의 토지면적이 1938년에 1,908정보로 급감했던 이유는 농외투자를 병행했기 때문으로 해석된다.

전라북도의 최대 지주이며 서울 낙원동의 부호였던 백인기와 그의 장남 백명곤[12]이 광복 전 1942년에 연이어 급서 하였다. 백인기의 미망인 이윤성은 광복 직후에 부군의 유언을 받들어 남긴 재산(토지 104만평)을 익산 화성학원에 희사하여 오늘날 남성고등학교가 탄생하도록 하였다.[13]

---

10) 3,000평, 약 9,917.4 ㎡

11) 동아일보 1923년 3월 10일자.

12) 박성건, 한국재즈 100년사, 리젬, 2016. 4. 25. 20쪽, 22쪽, 25쪽. 백명곤은 1922년 그의 집사 배운성(홍익대학교 초대 미술학부장)과 함께 독일 유학중 지병으로 조기 귀국했고 독일에 홀로 남은 배운성은 한국 최초로 독일, 프랑스에서 서양화를 공부후 귀국했다. 백명곤은 독일에서 귀국후 1925년 사재를 털어 조선축구단과 Korean Jazz Band를 만들었다.

13) 전북매일신문사, 명문의 고향, 213-217쪽, 1970.7.

백인기는 당대 5만석 거부로서 사후에 재산을 육영사업에 쾌척하게 함으로써 후손들의 영화보다 만인을 위한 공익 사업을 추구하도록 하였다. 아들 백명곤 역시 젊은 나이에 요절한 풍운아였지만 생전에 조선의 음악, 영화, 축구 등 문화·체육 발전에 남다른 기여를 했던 인물이었다.

2. 조선축구단 단장 백명곤(1905-1942)

백명곤은 재벌 2세로서 20대 안팎의 나이에 최고급 외제 스포츠카와 해리슨 오토바이를 소유하고 경성 거리를 누비고 다닐 만한 재력있는 부잣집 장남이었다. 그는 문화 예술 및 체육분야에 자유분방하다는 이유로 장안에서 천하의 난봉꾼, 스포츠카를 운전하며 비행을 일삼는 철없는 젊은이로 매도 되곤 하였다.

부친 백인기는 배운성을 집사로 하여 아들을 낭비벽에서 헤어나게 하려고 믿음직한 서생 배운성과 함께 백명곤을 일본에 유학을 보냈다.

백명곤은 16세의 나이에 일본 유학을 가서 음악을 공부했다. 그는 색스폰 등 각종 악기를 익히고 귀국했으며 우리나라에 처음 색스폰을 도입한 사람으로 알려져 있다.[14]

일본 유학에서 귀국한 백명곤은 다시 배운성과 함께 1922년 가을, 요코하마항을 출발해 독일로 유학을 떠났다. 백명곤은 유학생활 중에 얼마 안 있어 건강상의 이유로 학업을 중도 포기하고 귀국 하였다.

---

14) 경향신문,'한국음악백년,코리아재즈밴드',이상만, 1986.6.5.

백명곤의 귀국 일자는 정확히 알려져 있지 않지만 독일에서 귀국 직후 유점백과 결혼을 하였고, 코리안재즈밴드(Korean Jazz Band)[15]의 음악활동과 조선축구단[16]의 창단이 이어졌기 때문에 1923년 상반기에 독일에서 귀국한 것으로 보인다.

백인기는 아들이 독일에서 귀국한 이후에는 건강상의 문제로 아들 장래의 진로를 종용하지 않은 듯하다. 귀국 후 백명곤은 왕성한 음악·체육활동을 이어나갔다. 당시 식민지 조선의 의료시스템이 결핵을 치료하기에는 매우 열악한 환경이었으므로 그가 독일에서 체류했으면 좋았을 것이다. 하지만 그는 귀국 후 치료를 위하여 절대적인 안정과 요양을 취하는 것보다 조선축구단을 주도하고 코리안재즈밴드(Korean Jazz Band)[17]의 사회활동에 더욱 몰입을 하였다. 따라서 결핵의 특성상 내성이 생겨 그의 건강은 더욱 악화되었던 것 같다.

백명곤이 조선축구단을 발족하게 된 동기는 독일에서 귀국후 재정난으로 운영에 어려움을 겪는 불교청년회축구단의 이건표를 만나면서부터였다. 두 사람은 기존 선수 구성을 그대로 유지하기로 하고 〈조선축구단〉을 발족하는데 합의를 하였다.

---

15) 한국재즈 100년사, 이리, 17-28쪽, 2016., 조선축구단 단장 백명곤은 상해에서 경기후 재즈 악보와 악기를 사가지고 귀국했다. 이때 백명곤을 중심으로 홍난파, 박건원 등이 모여 '코리안재즈밴드(Korean Jazz Band)'를 창단하여 1926년 3월 2일 YMCA에서 첫 재즈 콘서트를 개최했다. 코리안재즈밴드의 활약은 중외일보를 통해 자세히 알 수 있는데 서울 뿐만아니라 부산,마산,진주,대전,군산까지 원정을 떠나 공연을 했다.

16) 경향신문, '얘기로 풀어본 한국스포츠 80년, 백명곤과 조선축구단-1923년에 발족 조선축구단', 1978.2.3.

17) 경향신문, '한국음악백년,코리안재즈밴드',이상만, 1986.6.5., 백명곤은 다재다능한 사람이었고 악단을 이끌만한 재력도 갖고 있었다.그는 코리안재즈밴드를 조직할 때 멤버들의 복식, 악기 등을 사재를 털어 장만했다.

창단 당시 조직은 단장 박윤관, 감독 이건표, 고문 정인창, 선수 김원태(주장), 손재수, 김충배, 박긍진, 김영희, 손희영, 김원해, 김제정, 권태호, 최대순, 황점룡 등이었다.

조선축구단은 창단 직후 4월에 열린 제6회 전조선축구대회에 참가하여 우승을 차지하였다. 같은 해 11월에는 평양기독청년회 주최 전조선축구대회에서 평양 무오축구단에 패해 준우승에 머무는 등 무오축구단과는 라이벌 구도를 형성하였다. 이러한 라이벌 구도는 1930년대 초 조선 축구의 경성-평양 양강 구도의 전초가 되었다.

한편 조선축구단은 백명곤의 후원으로 해외 원정을 다녀온 최초의 축구클럽이 되었다. 구단주 백명곤은 1934년에는 일본 및 중국 천진 원정을 감행하였다. 조선축구단은이 원정에서는 경성과 평양의 선수들을 골고루 선발하여 사실상 전조선 대표팀이나 다름없었다.

백명곤은 해체 위기의 불교청년회 축구단을 1925년에 인수하여 조선축구단으로 창단시킴으로써 축구를 진흥한 인물이었다. 그는 축구를 유달리 좋아해서 자비로 조선축구단을 운영하였고 가난한 선수들에겐 월급까지 지급하였다. 낙원시장 일대에 있는 그의 집은 조선축구단의 합숙소나 다름없었다. 선수들의 사기앙양과 체력을 보강하기 위해 중국인 요리사를 고용해 산해진미를 선수들에게 대접하는가 하면 크리스마스에는 선수들을 위해 악단을 불러 파티를 열었다. 그는 직접 산타로 분장해 선수들에게 선물을 나눠줄 정도로 배려심이 많았다고 하니 그의 열성을 가히 짐작할 수 있겠다.

해외원정 때에는 선수들을 위해 단체로 고급 영국제 홈스펀 양복을 단복으로 맞춰주는 등 조선축구단의 발전을 위해 애정이 각별했었다. 그는 20대의 10여 년 동안 우리나라 축구사에 기록될 만한 업적을 남겼으나 재정난에 허덕이면서 1935년에 조선축구단의 해체를 맞게 되었다.

참고로 백명곤이 창단했던 조선축구단의 해외원정 기록을 요약해 보면 1926년 10월 일본 원정, 1928년 1월 1차 중국 상해 원정, 1929년 2월 2차 상해 원정, 1934년 2월 일본 관동 원정, 1934년 4월 중국 천진 원정으로 크게 정리할 수 있겠다. 이때 주요 선수로는 김원겸, 김용식(전 외무부 장관) 선수가 있었다.

백명곤은 1925년 사재를 털어 조선축구단을 창설하여 해외원정(1925년 일본, 중국)을 한 선각자였다. 그는 38세라는 젊은 나이에 요절을 했지만 일제 식민지 조선의 문화예술·체육 발전에 지대한 공헌을 했던 인물이었다. 오늘날 기준으로 본다면 음악, 영화, 축구 등 문화예술과 체육 발전을 위하여 노력했던 한류의 원조였던 셈이다.

III. 근대화가 배운성의 〈가족도〉와 해설

1. 근대화가 배운성(1900-1978)의 〈가족도〉

배운성은 일제강점기에 백인기의 서생으로서 백명곤과 함께 1922년 가을에 독일로 유학을 떠났던 한국 화단의 1세대 작가였다.

그는 1915년 경성중학 졸업 후 가정형편이 어려워 당시 대부호이며 서화 애호가인 백인기의 서생으로 들어가 중동학교 고등과를 졸업하였다. 백인기 장남 백명곤 보다 다섯 살이 연상인 배운성은 백명곤과 함께 독일유학을 떠나기 전에 일본유학에 동행 하였다. 그들은 3·1운동이 일어나던 해 일본으로 건너가 배운성은 중앙대학과 와세다대학에서 3년간 경제학을 전공하였다.[18] 당시 14세의 나이였던 백명곤은 예술적인 재능이 탁월하여 일본유학 중에 동경음악학원에서 음악을 공부했다고 전해진다.

두 사람이 1922년 일본에서 귀국 후 다시 독일로 유학국가를 변경한 것은 백명곤의 부친 백인기의 영향이 컸을 것이다. 당시 조선인 유학생들은 독일유학이 학비가 저렴할 뿐만 아니라 실용적이라는 이유에서 선호하였다.[19] 배운성은 1922년 일본에서 귀국 후 그해 가을에 백명곤의 유학 뒷바라지를 위해 독일로 유학을 떠났다.

11월 초에 독일에 도착한 배운성은 훔볼트대학에서 경제학 공부를 할 예정이었으나 이때쯤 백명곤은 오랜 항해로 지병이 악화되어 귀국을 할 수밖에 없었고 배운성은 독일에 홀로 남게 되었다.[20] 이듬해 배운성은 경제학 공부를 중단하고 천부적인 소질을 살려 화가의 길로 들어서게 되었다.[21] 베를린 레벤훈켄 미술학교에서 수학하며 후고 미트, 빌리 엑켈에게 사사하였다. 그는 1925년 베를린 국립미술학교에 입학, 3학년인 1927년에 교내전람회에 입상하여 파리여

---

18) 백인기는 서생 배운성의 유학경비를 지원.

19) 김준연, 나의 편력(63) 포츠담유학,1969.4.18., '포츠담 유학생 백명곤, 정석호, 배운성, 최두선, 김준연 등'., 임정독립신문(1922.7.15.) '1921년 1월 1일 유덕고려향우회(留德高麗鄕友會) 발족, 간사장 김갑수,서무 윤건중, 창립당시 주도적 인물(이극로,김준연,김필수,김백평)'.

20) 백명곤은 1922년 7월 26일 '모범음악연주회'에서 연주회를 마친 후 석 달 걸려 독일에 도착했으나 지병으로 귀국하였다. 1923년 6월 20일 유점백과 결혼 하였다.

21) 배운성이 미술 공부를 시작할 때 서화협회 회원이며 수집가였던 주인 백인기와 상의가 있었을 것이며, 백인기는 3년간 학비 지원을 하였다.

행을 하게 되었다. 또 살롱 도톤느에 입선(목판화 자화상)을 하였다. 1928년 우수한 성적으로 대학을 졸업하고 본격적으로 화가 활동을 시작하였다.

그는 우리의 풍습과 문화를 소재로 한 작품으로 유럽화단의 주목을 받았으며 일제강점기에 조선이 낳은 당대 최고의 서양화가가 되었다. 2차세계대전의 발발로 1940년 귀국할 때까지 독일, 프랑스 등을 오가며 활발한 미술 활동을 하였다.

배운성은 전운이 깊어지고 독일기 공격으로 파리가 함락되자 폭탄우의 공포 속에서 작품 167점을 파리의 어느 화방에 맡겨두었다. 그리고 무서운 폭음에 몸서리 치며 피난민을 가득 실은 하루나마루 배를 타고 1940년 6월, 18년 만에 귀국 길에 올라 요코하마 항에 도착하였다. 그는 회색 양복, 맨머리에 가방 하나 들지 않고 쓸쓸히 내렸으나 맞이하는 사람 하나 없었다.[22]

그는 자식과도 같았던 작품들과 생이별을 하였으니 파리에 두고 온 작품들이 얼마나 그리웠을까.

배운성은 1940년 9월 17일[23] 18년 만에 귀국 후 운성회화연구소를 운영하였다. 광복 후 홍익대학교 미술학과 초대 학부장으로서 홍익대 미대의 초석을 세웠으며 대한민국미술전람회 심사위원을 역임하였다.

9.28 수복 후 월북하여 평양미술학교 교수를 지낸 후 1978년 신의주에서 세상을 떠났다. 그는 유화, 수채화, 판화, 수묵화, 일러스트

---

22) 매일신보, '폭탄우 맞고 파리 탈출, 배운성 씨 횡빈 착', 1940.9.15.
23) 매일신보, '배운성 씨의 그림 「아기」', 1940. 10. 13.

에 이르기까지 다양한 장르를 섭렵하였다. 특히 그는 유화를 동양의 필력으로 구사하여 조선의 향토적인 정서를 담아냈고 동양의 정신과 서양의 표현기법을 융합했다는 호평을 받았다.

정부는 1988년 배운성 화가를 해금하였고 1940년 금의환향한 지 60여 년 만에 국립현대미술관 덕수궁 분관에서 유럽 체류시절의 작품 48점을 출품, 배운성전(2001.9.7.~10.21)을 개최하였다. 한국인 최초 유럽 유학생인 배운성의 원작을 처음 공개함으로써 그의 작품세계를 알렸고 연구자들에게 연구의 토대가 되었다는 점에서 의의가 있었다.

근대 한국미술의 보물들이 국내 미술계에서 높은 평가를 받기 까지는 배운성 작품 48점을 우연히 대거 발견하여 소장하게 된 불문학자 전창곤 박사의 숨은 노력이 있었기 때문에 가능한 일이었다. 그는 1999년 연초에 평소 알고 지내던 파리의 서부 근교의 골동품상을 통해서 2개월 동안의 협상 과정을 거쳐 소장자가 가지고 있던 47점의 작품을 일괄 구입하였다.(6개월 뒤 1점 추가 구입)

현재 대전프랑스문화원 원장으로서 한불 문화발전과 양국간의 문화교류를 위해 노력을 하고 있는 전창곤 박사의 노고가 컸다. 그는 프랑스 정부로부터 공로를 인정받아 2016년 9월 8일〈프랑스 문화훈장〉을 수여한 바 있다. 서훈식에서는 한불수교 130주년을 기념해 대전을 방문한 프랑스 상원의원단과 주한 프랑스 대사가 참석해 직접 훈장을 전달하였다.

훈격은 슈발리에 이며 프랑스 정부가 전 세계적으로 음악, 미술, 문학, 영화 등 문화예술 분야에서 활약한 이들에게 수여를 한다. 국내에서는 지휘자 정명훈, 배우 윤정희 피아니스트 백건우 부부, 배우

전도연씨가 받은 바 있다.

　전창곤 박사가 소장하고 있는〈가족도〉는 화가 배운성이 1940년 독일기 공습을 피해 파리를 떠나기 위해 화방에 임시로 맡긴 그의 명작품 167점 중의 하나였다.〈가족도〉가〈백인기 가족도〉로 불리우게 된 배경은 배운성이 독일에 유학할 때 3년 동안 자신의 학비를 도와준 옛주인 백인기에 대한 보은의 표시로 그렸던 초상화였기 때문이다.

　'백인기 집안에서 배운성에게 생활비를 안 보내줘서 독일에 홀로 남아 배운성이 고생을 많았다'는 이야기는 사실과 달랐다. 배운성이 1940년 파리에서 폭격을 피해 금의환향 하기 4년 전에 여동생 배금자는 1936년 간행된'사해공론'여기자와 인터뷰를 가졌다. 그녀는 여기자와의 단독 인터뷰에서'백인기 아들 백명곤이 몸이 아파 급거 귀국 했어도 백인기는 3년간 생활비를 지원했다'고 증언[24]을 하였다.

　〈가족도〉작품의 제작년도는 배운성이 파리에서 귀국하기 전 1930년대 전반기에 독일에서 그린 그림으로 보인다. 화가는 백인기의 성북동 323번지 청암장 한옥별장을 배경으로 3대 17명의 백인기 집안의 가족들을 모델로 한 대형 작품(140×200cm)이다. 배운성 화가는 일명〈백인기 가족도〉를 언젠가 귀국할 때 옛주인에게 기증할 생각으로 이 대작을 완성하지 않았을까. 하지만 화가는 옛주인 백인기가 장서하기 2년 전 1940년 9월에 경성역에 도착하였다. 6월 파리 공습을 피해 빈 몸으로 도착했으므로 옛주인에게 줄 선물이 없었을 것이다.

　등록문화재(제534호)로 지정된〈가족도〉는 백인기 집안의 스토리가 담겨있는 약 90여 년 전의 주거문화와 복식문화를 엿볼 수 있다.

---

24) 사해공론 1936년 창간호, '돈암리 배운성 화백 친가 방문기', pp.121-125.

백인기 집안의〈가족도〉는 배운성이 주인에게 바치는 조선의 풍속을 담은 동선서색의 동양화 같은 유화이다.

2. 〈가족도〉에 관한 해설

옛 시골집 안방 밀창문 위에는 으레 그 집안의 가족 사진이 걸려있게 마련이다. 집안에 회갑잔치나 구식 결혼식이 있게되면 친족들이 모여 가족사진을 촬영했던 기억이 난다. 백인기 집안의 가족사진에서도 화기애애한 모습을 발견할 수 있다.

그러나 가족사진은 누구나 쉽게 찍을 수 있었겠지만〈가족도〉를 그려 보존한다는 것은 쉬운 일이 아니었을 것이다. 그러한 점에서 화가 배운성이 그린〈가족도〉의 가치를 국내 미술계에서 인정을 하여 문화재로 지정을 하지 않았나 생각이 든다.

〈가족도〉는 화가 배운성과 백인기 가문의 스토리가 담겨있고 문화성과 희소성이 가미되어 더욱 가치가 발현되는 것 같다. 배운성은 18여 년의 유럽 유학 중에 서화협회 명예회원 백인기에 대한 은공을 결코 잊지 않고 고마움을 회상하면서 작품을 구상했을 것이다. 백인기는 아들이 병으로 귀국 후에도 3년간 꼬박꼬박 배운성에게 생활비를 보냈다. 그러다 보니 배운성 역시 주인에게 고마움을 전했을 것이고 그때마다 사진 등 작품 소재가 전달되었을 것이다.

5년 전 필자는 웅갤러리에서 발행한 도록에 수록된〈가족도〉를 이경일(백인기의 외손자) 선생과 친구 백진호(백인기의 증손자) 선생에게 보여준 적이 있었다. 두 분 모두 한결같이 백씨 집안의 가족 사진처럼 자연스럽게 작품 해설을 하였다. 혹자는 배운성이 화가 자신의 가족을 그렸을 것이며 배운성의 어머니 초상과 〈가족도〉중앙에 앉아 있는 할머니의 얼굴이 닮았다는 해석을 했었다. 또 〈가족도〉그림 속의 일부 인물들이 백씨 집안의 하인들로 설명을 하지만 설득력이 부족한 해설이었다.

다행히 필자는 백인기의 차녀 백흥인의 장남 이경일 미술 선생님(전 남성고등학교 미술교사 역임)의 자문으로〈가족도〉에 얽힌 일화와 작품 해설을 듣게 되었다.

배운성은 1940년 파리에서 귀국하여 1942년 백인기, 백명곤 부자가 고인이 된 후에도 명륜동, 계동에 살고 있는 백씨 주인 이윤성 여사에게 문안을 갔다고 한다. 배운성 가족들[25] 모두 백씨댁 자손들을 섬기며 은혜를 갚았다.

6.25 전쟁이 일어나 백인기 집안의 친족들이 피난을 떠나지 못하고 인공 치하에 서울에서 머물 때의 일이었다고 한다. 인민군들에게 납북당할 뻔 했던 백윤승(백명곤 장남, 이윤성 여사의 장손)의 생명을 배운성이 구해줬다는 이야기가 백씨 집안에 전해오고 있다. 하지만 애석하게도 9.28 수복 후 백인기의 두 사위[26]가 인민군에게 납북된 것은 백씨 집안의 큰 손실이기도 하다.

또한 백인기와 배운성 두 집안의 밀접한 관계는 해방 전에 명륜동에서 계동으로 이사한 이윤성 여사 댁을 배운성의 어머니 김씨가 자주 왕래하며 문안을 갔었다는 사실로 미루어 알 수 있겠다. 물론 배

---

25) 배운성 모친 김씨 부인, 여동생 배금자, 형 배희일, 배희삼.
26 첫째 사위 정석호(한전 전신 남선전기 상무, 경향신문, 1949.11.22.), 둘째 사위 이장원 박사(경성제국대학 의학부 졸업),경성제대 의학부 졸 업, 미국 박사후 서울의대 생리학교수실 책임자,미군정 의정국장 역임.

운성 역시 자주 드나들곤 하여 백인기 집안에서는 배운성과 같이 월북한 처 이정수[27]의 모습에 대해서도 소상히 기억하고 있다 한다.

배운성은 세상을 떠났지만 자신을 도와준 옛주인 백인기에 대한 은혜를 잊지 않고 보은의 명작을 남겼다. 전창곤 원장이 소장한 배운성의 작품 48점 중 가장 가치가 있는 작품이 이 〈가족도〉인 것이다.

과연 배운성이 그린 〈가족도〉 그림 속의 인물들은 누구일까. 필자가 해답을 기다린 지 5년 만에 〈가족도〉그림을 명확히 해설해 주실 분을 만났다. 백인기 선생의 외손자(백인기 차녀 백홍인의 자)로서 평생을 남성고등학교 미술 교사로 재직하다 정년 퇴임한 이경일 선생님이시다. 선생님은 백인기 집안의 인척 중에서 생존해 계시는 가장 연로한 분이다. 배운성의 작품 〈가족도〉의 이해와 감상을 돕기 위해 아래와 같이 상세한 해설을 해준 선생님께 지면을 통해 다시 한번 감사를 드린다.

이경일 선생님은 배운성 작품 〈가족도〉를 보자마자 다음과 같이 해설을 이어 나갔다. "중앙에 아기를 안고 있는 있는 분이 저의 외조부님 백인기의 모친(박성녀)이고, 그 뒤에 서 있는 내외가 외조부님 백인기·외조모님 이윤성[28]입니다. 외조모님 옆에 서 있는 노란 두루마기 입은 학생이 백인기의 2남으로 동경제일고보에 다니다가 병으로 사망했습니다. 그리고 찻잔을 들고 있는 분이 백인기의 큰며느리이며, 어두운 방에 앉아 계신 분이 베를린 유학 도중에 병으로 귀국

---

27 이정수는 경향신문(1949. 10. 30.)에 '아름다움'에 관해 짧은 에세이를 기고했는데. '---〈생긴대로의 아름다움〉이 아니면 여성은 영원히 가면을 쓴 허수아비에 지나지 못할 것입니다'라며 자신을 배운성씨 부인(筆子裵雲成氏夫人).이라고 이채로운 자기소개를 했다. 그후 경향신문(1949. 6. 13.)에 에세이 초하만보(初夏漫譜)를 기고했다.

28 동아일보는 1945년 12월 13일자 신문에서 고 백인기의 미망인 이윤성 여사의 남성중학 설립 사실을 보도했다.

한 백명곤 외삼촌입니다. 그 앞에 앉아서 병간하는 빨강 저고리 입은 분이 일본 유학한 외조부님 둘째 따님, 그리고 앞줄 오른쪽에 푸른 치마에 노랑 저고리 입고 계신 이쁘신 분이 큰 따님입니다. 그리고 맨 왼쪽에 서 있는 흰 두루마기 입은 분이 배운성 화백입니다."

〈백인기 집안의 가족 사진〉

자료 해설: 백인기(1882.음력2.29.–1942.음력 5.18.) 회갑 기념.

성북동 청암장 별장 앞, 앞줄 중앙 백인기 · 이윤성 부부, 뒷줄 중앙 백명곤. 좌측 첫째사위 정석호 · 백창인 부부, 우측 둘째사위 이장원 · 백흥인 부부.

서양화가 배운성이 그린 가족도(일명 백인기 가족도)의 감상 및 이해를 돕기 위하여 이경일 선생님의 해설을 아래와 같이 첨부하였다.

〈가족도〉 해설　　　　　자료: 이경일

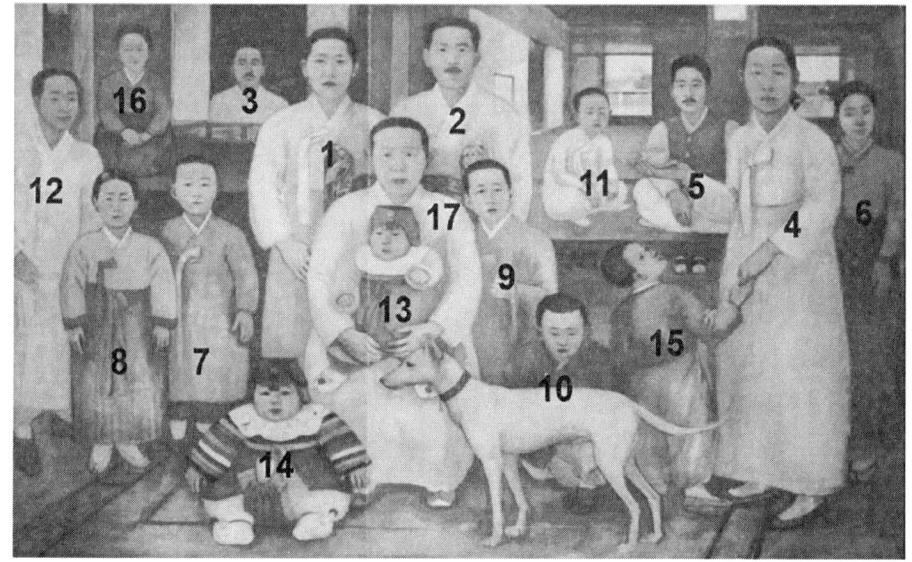

(번호 순)

① 이윤성(백인기의 처, 남성학원 이사장)
② 백인기(1942년 사망)
③ 백명곤, 백인기의 장남(1942년 사망)
④ 유점백, 백인기의 큰며느리(자부)
⑤ 정석호, 백인기의 큰사위
⑥ 백창인, 백인기의 장녀
⑦ 백윤호(아명 귀동), 백명곤의 차남
⑧ 백윤전(아명 귀희), 백명곤의 장녀
⑨ 백갑인, 백인기의 차남(동경 제일고보 유학시 폐질환으로 사망함.)
⑩ 백윤승(아명 귀손), 백명곤의 장남
⑪ 정희영, 백인기의 외손, 백인기 사위 정석호의 장남
⑫ 배운성 화가

⑬ 16번 백인기 차녀 백흥인의 장녀(백인기의 회갑 때 태어난 외손녀)
⑭ 정순영(백인기 사위 정석호의 4녀) 혹은 백귀란(백명곤의 차녀)으로 추정됨. 백명곤과 정석호가 독일 유학할 때 배운성과 동행했고, 정석호의 장녀가 태어났을 때 백합(유럽에서는 딸이 태어나면 lily로 표함.)을 그려줬던 것으로 보아 정석호에게 가까움을 표했을 것으로 보이며 모습도 비슷함.
⑮ 백귀승, 백명곤의 3남(여러 자손과 비교해 보면 14번 보다 더 어리게 그려져야 하겠지만 백명곤에 대한 은혜로 좀더 나이 있게 그렸을 수도 있음. 백명곤 첫째부인 유점백 품에서 자람.)
⑯ 백흥인(백인기의 차녀)
⑰ 남성학원(화성학원) 설립자 이윤성 여사의 시모 박성녀(朴姓女)로 추정됨

최규홍 시와 에세이집

갈대의 노래

인쇄 2025년 1월 20일
발행 2025년 1월 20일

지은이 최규홍

펴낸곳 도서출판 진영
주　소 전북특별자치도 백릉로 162(조촌동) 2동 403호
전　화 (063)453-3672, 010-2608-3672
팩　스 (063)453-3677
이메일 kyuhchoe0923@daum.net
출판등록 제2023-000002호(전북특별자치도 군산시)

ISBN 979-11-987721-3-8(03810)

값 12,000원

저작권자 ⓒ2025, 최규홍
이 책의 저작권은 저자에게 있습니다. 서면에 의한 저자의
허락없이 내용의 일부를 인용하거나 발췌하는 것을 금합니다.
COPYRIGHTⓒ2025, by Choe,Kyuhong
All right reserved including the rights of
reproduction in whole or in part in any form.
저자와 협의, 인지는 생략합니다.
잘못된 책은 바꿔 드립니다.
Printed in KOREA